NOTICE

NÉCROLOGIQUE

SUR M. MAZURE,

INSPECTEUR-GÉNÉRAL DE L'UNIVERSITÉ.

PARIS. — IMPRIMERIE DE COSSON,
Rue Saint-Germain-des-Prés, n° 9.

NOTICE

NÉCROLOGIQUE

SUR M. MAZURE,

INSPECTEUR-GÉNÉRAL DE L'UNIVERSITÉ *.

M. MAZURE, inspecteur-général des études, enlevé par une mort prématurée aux lettres et à ses nombreux amis, était un de ces hommes à la mémoire desquels l'Université doit quelque reconnaissance, pour l'éclat qu'elle en a reçu, pour les services de toute une vie qu'ils lui ont consacrée. Faire connaître dans une notice nécrologique les principaux traits de leur carrière essentiellement universitaire, c'est en même temps jeter un coup d'œil rapide sur les diverses phases de l'instruction publique durant les trente années de ce siècle.

M. J.-F. Mazure, né à Paris en 1776, passa les premières années de sa vie dans une ville de la Vendée, où son père occupait une charge honorable dans les finances. Les excès de la révolution, qui, en bouleversant l'état,

---

* Cette notice a été insérée, en février 1829, dans un numéro du *Lycée*, ou *Journal de l'instruction publique*.

avaient également ruiné et disséminé les exis-
tences particulières, amenèrent M. Mazure, dans
un âge encore tendre, à Niort, chef-lieu du dé-
partement. Là s'écoulèrent les heureuses années
de sa jeunesse, dont, après une vie bien agi-
tée, il aimait à se retracer les souvenirs pai-
sibles. Lorsqu'en 1796, le gouvernement, afin
de réparer les ruines de 93, encouragea le réveil
des études, et rétablit les écoles publiques, le
jeune Mazure se distingua par l'ardeur avec laquelle il courut à ces nobles sources du génie et
des arts, enfin rouvertes à la jeunesse française.
Un mouvement remarquable s'opérait alors dans
les esprits. Les écoles centrales, dont on ne peut
nier que le principe ne fût bon, et le système
d'études généralement sage; devinrent en peu de
temps un théâtre d'activité et un foyer de lumières.
Impatiente du joug indigne qui depuis si long-
temps tenait toute pensée captive, la foule éclairée
se pressait autour de ces chaires récemment éri-
gées, et, chose étrange, il y eut un instant en
France, à la fin du dix-huitième siècle, où les
études qui font l'ornement de l'esprit humain
purent sembler une nouveauté, et eurent du
moins tout le charme de la nouveauté. M. Mazure rappelait avec plaisir et comme une singu-
larité de l'époque, la pompe extraordinaire
qui accompagnait les solennités de l'école cen-
trale, et les hommages universels dont lui-même,
dans un beau jour de sa vie, avait été l'objet,
lorsque simple adolescent et poëte lauréat, il

s'était vu le héros d'une brillante fête munici-
pale. Ainsi, la France, qui s'était lassée à la pour-
suite de sa liberté orageuse, et qui n'était pas
encore entrée dans la véritable voie pour l'atteindre, semblait désormais aspirer à l'éclat, à la
puissance, à la gloire; le bonnet de la liberté,
tour à tour sanglant et méprisé, avait joué son
rôle : on voulait plutôt des couronnes. Il faut le
dire, la France alors mûrissait pour le système
impérial, et c'est la génération des écoles centrales qui s'est élancée dans les camps et a créé
la gloire militaire de l'empire français.

Dans le même temps la ville de Niort possé-
dait un citoyen illustre, que la fortune avait
réservé à une haute destinée ; c'était M. de Fontanes. Échappé comme par miracle à la tour-
mente révolutionnaire et aux massacres de Lyon,
il vivait alors retiré dans sa ville natale, et pré-
ludait à l'état de sa carrière politique en cultivant
avec modestie et non sans gloire les Muses, auxquelles sa jeunesse avait été dévouée. Fontanes
distingua son jeune compatriote, encouragea ses
premiers essais poétiques, et lui voua un attache-
ment qui, dans la suite, devint une étroite amitié
que rien n'altéra jamais.

L'Université fut créée; professeurs, inspecteurs,
recteurs, conseil impérial, tout fut nouveau
dans cette institution nouvelle, tout fut improvisé
par décrets et arrêtés; il n'y avait point de droits
acquis, point de réglemens qui déterminassent
les conditions de l'avancement, et qui fussent,

comme aujourd'hui, obligatoires pour les chefs de l'Université. L'arbitraire des choix, le privilége, étaient ordre légal, même légitime, et cependant les cadres de l'Université se trouvèrent remplis à la satisfaction générale. En attendant que l'école normale, cette brillante école de recrutement pour l'instruction publique, eût préparé sa première génération de professeurs, les chaires ne demeurèrent point vides et ne furent point occupées par des maîtres inhabiles. On avait choisi pour l'organisation des lycées les membres des anciennes corporations savantes, les professeurs des écoles centrales, les chefs des écoles secondaires qui avaient succédé aux écoles centrales; et dans les rangs de la haute hiérarchie universitaire on se plaisait à reconnaître des hommes dont les noms se recommandaient depuis long-temps par les lumières, la science, ou même par des talens mémorables. L'homme puissant dont le sceptre s'étendait alors et pesait sur la France, tout en établissant son Université sur une base despotique, n'avait pas laissé que de lui imposer des proportions grandes et fortes, comme aux diverses parties de son administration; il ne voulait pas que la puissance de l'empire ne se déployât qu'aux frontières, et le premier grand-maître de l'Université était doué de ce coup d'œil rapide et sûr qui, réalisant la pensée du maître, va chercher les hommes, les découvre, les apprécie, et les place là où l'opinion publique les réclame ou du moins se plaît à les voir.

Ainsi, M. de Fontanes, en nommant M. Mazure inspecteur de l'Académie d'Angers, savait bien qu'il appelait à ce poste un homme nouveau, mais capable, et possédant d'autres titres à la faveur que l'amitié du grand-maître. Trois ans après, au temps où l'Université dans sa plus grande splendeur envoyait ses officiers des bords du Zuyderzée aux rives du Tibre, M. Ferry de Saint-Constant fut nommé recteur de l'Académie de Rome, et M. Mazure le remplaça dans l'Académie d'Angers, où son administration de six années a laissé d'honorables souvenirs. Après le 20 mars 1815, il ne donna point sa démission, mais sa vertu fut éprouvée autrement, et il se trouva une circonstance difficile où il éleva le rectorat au niveau de la plus haute magistrature. Le nouveau grand-maître de l'Université impériale, M. Lebrun, duc de Plaisance, lui avait transmis l'ordre de laisser enrégimenter les grands élèves du lycée pour la guerre civile qui éclatait alors dans les contrées de l'Ouest. M. Mazure comprit mieux ses devoirs et sa responsabilité envers les pères de famille, et il répondit au grand-maître : « Je n'ai que deux » moyens d'obtempérer aux ordres de Votre » Excellence : le premier est de renvoyer à leurs » parens des élèves qui n'ont point été confiés » à l'Académie pour en faire des soldats ; le second » est de vous offrir ma démission. J'attends, » Monseigneur, vos instructions définitives. » Le duc de Plaisance sut entendre ce noble langage, et il ne répondit au recteur que par des témoignages de haute estime.

Cependant la légitimité et la paix furent rendues à la France avec la seconde restauration ; les événemens se précipitèrent ; le temps entraîna les choses et fit disparaître les hommes. Fontanes précéda Lebrun dans la tombe. L'Université encore flottante, et sans administration fixe, voyait pourtant de l'avenir dans la commission provisoire que présidait M. Royer-Collard. A cette époque, en 1817, M. Mazure fut nommé membre de la Légion-d'Honneur, et inspecteur-général des études. Il a passé dans cette place élevée les dix dernières années de sa vie, dans lesquelles s'est établie sa renommée littéraire. Ses talens, ses connaissances variées, ses manières distinguées et brillantes, la riche abondance et l'extrême facilité de sa conversation, lui ouvrirent les premiers salons de la capitale, et lui firent entrevoir une vaste carrière à parcourir. Il était lié avec des hommes d'état que la France a retrouvés naguère. MM. de Serre et de Richelieu, vertueux ministres qui, vivans et morts, ont mérité et recueilli la reconnaissance nationale, l'honorèrent de leur intime confiance. Pourquoi ne pas avouer qu'il fut censeur des journaux en 1820? Sa modération jointe à l'invariabilité de ses principes lui mérita l'estime des gens de bien dans cette commission, que l'histoire contemporaine ne confondra pas avec les deux commissions de malheureuse mémoire qui ont été imposées plus tard. Ce premier essai de la censure établie dans une crise tout-à-fait difficile, avait néanmoins convaincu M. Mazure que cette mesure politique était frappée d'impuissance, et réprouvée par les mœurs constitutionnelles. C'est ainsi qu'il s'en exprimait souvent, et depuis, sous une autre administration, il résista à toutes les avances, et fidèle à ses opinions comme à ses affections politiques, il attendit, en cultivant la société de nobles amis, l'ordre de choses qu'il croyait plus conforme au vœu du pays. Alors, tout-à-fait en dehors de la politique, il se partagea entre ses devoirs universitaires et les travaux qui lui ont assuré un rang parmi les gens de lettres de notre époque.

Le premier ouvrage sorti de la plume de M. Mazure est une. *Vie de Voltaire* *. Voltaire fut l'homme du dix-huitième siècle. Il le créa, lui donna sa propre empreinte, et lui-même en fut la représentation vivante. Louis XIV disait avec une certaine vérité : « *L'état, c'est moi.* » Voltaire put dire aussi : « *Mon siècle, c'est moi.* » Aussi la biographie de cet homme célèbre est surtout intéressante en ce qu'elle reproduit une esquisse de la société et de la littérature, dans ce siècle que seul il a rempli de son génie, de sa souveraineté ou même de son despotisme intellectuel. Le livre de M. Mazure se distingue des

---

* Un vol. in-8°, publié par Eymery, en 1821.

nombreux ouvrages sur le même sujet par une grande impartialité. Les ouvrages de Voltaire y sont appréciés sans passion et avec une haute critique littéraire. Il ne se croyait pas assez fort, comme il le disait lui-même, pour faire accroire à la génération que Voltaire était un sot ou tout au moins un méchant rimeur *; car, disait-il, les jeunes gens à qui l'on a voulu persuader ces belles choses, à peine sortis du collége, s'aperçoivent trop vite que Voltaire a beaucoup trop d'esprit; mais il ne dissimule pas l'abus fatal que cet homme a fait des dons de la nature et du génie : « Né avec une imagination prodigieuse, » il s'attacha sans cesse à flétrir tout ce que cette » faculté rend sublime; doué d'une sensibilité » vraie et profonde, il parut quelquefois insi- » dieux et perfide; éloquent pour les droits de » l'humanité, il dességha les sources du bonheur » public en ravissant aux maîtres du monde le » seul frein du despotisme; aux passions la » crainte ou le remords; à l'infortune et à la » vertu leurs espérances. »

Le dessein de l'auteur, en publiant cet ouvrage, était de préparer une édition des œuvres choisies de Voltaire. Une telle collection, faite avec un respect sévère pour le bon goût, pour la morale, pour la religion, lui paraissait manquer aux bibliothèques des pères de famille.

* *Voyez* la Vie de Voltaire, par M. Lepan, et plusieurs ouvrages de ce poëte commentés par le même auteur.

M. Mazure était assez connu dans Paris comme publiciste ; sa plume ingénieuse et pénétrante le fit distinguer dans la polémique légère et fugitive comme dans les hautes doctrines d'une politique forte et consciencieuse. Plusieurs feuilles quotidiennes, connues pour la modération de leurs principes, se sont empressées jusqu'à ses derniers jours de lui ouvrir leurs colonnes. En 1820, il rédigea pendant deux ans *le Publiciste*, journal périodique, qui parut sous l'influence de M. de Serre ; mais l'ensemble de ses opinions politiques se trouve dans un écrit publié en 1822, sous ce titre : *de la Représentation nationale*. Il y développe cette pensée, que le gouvernement représentatif est le gouvernement des peuples divisés. Ce qui rend admirable ce système, ce qui en fait la nécessité du dix-neuvième siècle, c'est qu'il appelle au champ clos pacifique de la publicité et des assemblées délibérantes des opinions qui autrement demeureraient au sein de l'État, incessamment hostiles et armées.

Mais M. Mazure n'oubliait point qu'inspecteur des études, sa plume aussi appartenait à l'instruction publique.

Vivement frappé des besoins de l'enseignement élémentaire, il ne crut point faire déroger son talent en composant pour les écoles primaires, sous le titre de *Leçons choisies*, un petit ouvrage qui est parvenu à sa quatrième édition; ouvrage modeste, mais utile, et qui a mérité son succès par le bon choix des matériaux qui le composent, comme par l'heureuse simplicité des leçons de morale, de religion, d'économie domestique que l'inspecteur-général des études donne aux petits enfans.

A cette même époque, cet homme de lettres établissait sa réputation sur une base solide et durable en publiant l'*Histoire de la Révolution de 1688 en Angleterre* *. Les journaux français et étrangers ont parlé avec de justes éloges de cette production importante. L'auteur avait eu le privilége de puiser aux archives du ministère des affaires étrangères des documens précieux, et dont la révélation répandit du jour sur cette politique ténébreuse qui fit chanceler le trône de Charles II et renversa celui de son frère Jacques II. On a remarqué avec quelle sagacité M. Mazure pénètre dans les profondeurs d'une diplomatie pleine de mystère et d'astuce; comment il tient, sans les confondre, des fils innombrables. Son ouvrage se distingue des autres sous ce rapport, qu'il représente fidèlement la théorie mise en action de la vieille diplomatie européenne. Mais ce caractère de son livre et de son talent n'empêche pas l'auteur de raconter avec éclat les principaux événemens de cette intéressante histoire et les circonstances qui accompagnèrent la dernière chute des Stuarts. Outre l'avan-

---

* Ch. Gosselin, 3 vol. in-8°.

tage d'avoir pu révéler des détails diplomatiques jusqu'alors inconnus, on trouve dans ce livre de beaux récits, de vastes tableaux, un grand art de dessiner des portraits et même de peindre les hommes, joint à une vertueuse conscience de citoyen et d'auteur. La *Gazette de Londres*, juge bien compétent dans cette matière, n'hésita pas à avouer qu'il n'existait aucun ouvrage plus satisfaisant sur ce grand événement de l'histoire d'Angleterre.

L'auteur de la *Révolution de* 1688 songeait à réunir des matériaux pour donner une continuation de son ouvrage; il voulait publier l'histoire des dernières et vaines tentatives des Stuarts pour se rétablir sur le trône; mais l'état de sa santé dès long-temps chancelante le força de suspendre ses recherches laborieuses. Alors, et bien que par suite du système qui s'introduisait dans l'instruction publique, il se fût lui-même placé dans l'ombre, il s'occupait néanmoins avec tout le zèle dont il était susceptible des devoirs de sa charge et des intérêts de l'Université. De tous les hauts fonctionnaires de cette administration, les inspecteurs généraux sont ceux dont l'influence peut être plus sensible sur les affaires et sur les hommes. Par leur destination, ils tiennent le milieu entre l'Université et les Académies; et s'ils paraissent au milieu des professeurs pour entendre les griefs, écouter les réclamations, enregistrer les droits de chacun pour les faire valoir dans l'occasion, découvrir et mettre en lumière des talens que la fortune ou la modestie dérobe au grand jour, dissiper les inquiétudes et combattre de front les préventions ou les injustices locales, alors leur mission est protectrice, et la nation de l'Université pourrait à bon droit l'appeler populaire.

C'est ainsi que M. Mazure avait conçu les fonctions d'inspecteur. L'arbitraire qui envahissait tout n'avait pas d'adversaire plus déclaré; il se plaignait amèrement des intrusions qui, par le bon plaisir des protecteurs, encombraient journellement les chaires universitaires en dépit des droits et des règlemens. Le ministre l'écoutait, et lui donnait des témoignages d'estime dont M. Mazure pouvait d'autant plus s'honorer qu'elle était exempte de faveur. M. Frayssinous ne balançait même pas de lui avouer que *jusqu'ici on avait beaucoup trop pris en dehors, et qu'il était résolu à prendre en dedans.* Chargé de porter à Sorèze des paroles conciliatrices, le directeur de cette célèbre maison, dom Ferlus, à qui il avait offert son patronage, espéra voir en lui le réparateur de sa disgrâce. Nos collègues des départemens, que je voyais, chaque vacance, s'empresser près de lui, diront comment il concevait les droits et l'indépendance du professorat; et tel professeur qui sans doute lira ces lignes se rappellera la voix qui réclama pour lui, et le fit rétablir dans la haute chaire d'où l'avait fait descendre l'autorité universitaire, cédant à d'injustes préventions diocésaines.

Enfin l'horizon s'éclaircissait dans l'Université. Un ministre fort de ses lumières et de sa volonté annonçait la fin du règne de l'arbitraire ; il avait promis à M. Mazure sa haute confiance et la première vacance au conseil ; mais l'avenir devait manquer à ces justes espérances. Déjà palpitant sous l'anévrisme qui rendait sa fin imminente, il voulut faire une dernière tournée, et ramener leur inspecteur accoutumé aux Académies du Midi, que lui-même se plaisait à revoir. Les fatigues du voyage redoublèrent sa maladie, qui, le jour même de son arrivée, fut déclarée mortelle, et trois mois après il y succomba.

Lorsque la maladie n'avait pas encore atteint son dernier période, il souriait à l'espoir d'un meilleur avenir ; mais ses amis voyaient trop que ses jours étaient comptés et que le moment fatal était proche. Sa vie, où de longs soucis intérieurs avaient laissé leurs ravages, devait s'éteindre avant le temps, et la fortune, qui l'avait beaucoup trompé, l'abusait encore au dernier terme de sa carrière. Combien eussions-nous voulu partager l'illusion dont il se berçait ! Qu'il nous était pénible de l'entendre développer avec toute la justesse, toute la précision de son esprit, ses vues élevées sur les améliorations à établir dans l'Université, sur l'introduction des méthodes, sur la liberté prudente et sage à laquelle lui semblait avoir droit l'enseignement public ! Et il ne se refusait pas à l'espérance de contribuer de ses lumières et de ses conseils aux réformes attendues. Enfin, quand le moment fut arrivé où il ne dut plus s'abuser sur son état, son âme fut forte contre la mort comme elle l'avait été contre une vie incessamment troublée. Les secours de la religion, dont il avait toujours adoré les croyances, ne lui manquèrent point à ses derniers instans ; il reçut toutes les consolations dont elle entoure les mourans, et après avoir béni sa fille et son fils, il expira le 8 novembre 1828 , laissant à l'Université le regret d'avoir perdu un de ses membres les plus habiles, et à sa famille un noble héritage, le souvenir de ses précieuses et brillantes qualités.

HOMMAGE

A

LA MÉMOIRE DE MON ONCLE.

Janvier 1829.

AD. MAZURE,

Élève de l'ancienne école normale, professeur agrégé aux classes supérieures du collége royal de Louis-le-Grand.

DE LA PATHOGÉNIE

DES

MALADIES CHRONIQUES

AU POINT DE VUE DE LA MÉDICATION THERMALE.

Mémoire lu à la Société impériale de médecine de Lyon

PAR LE DOCTEUR

Max. DURAND-FARDEL

Membre correspondant, médecin-inspecteur des sources d'Hauterive, à Vichy,
secrétaire-général de la Société d'hydrologie médicale de Paris.

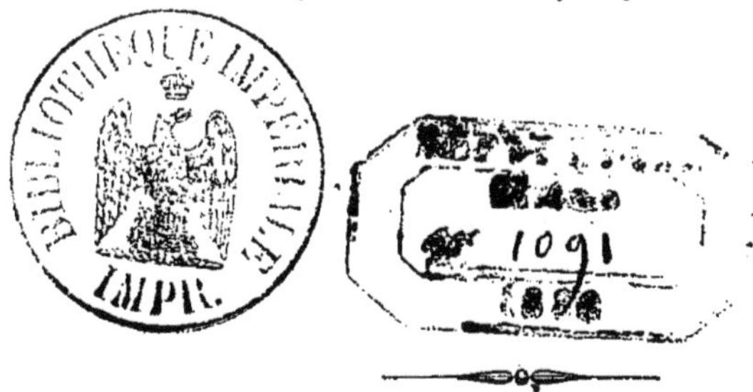

LYON

IMPRIMERIE D'AIMÉ VINGTRINIER

QUAI SAINT-ANTOINE, 36

1856

DE LA PATHOGÉNIE

DES

MALADIES CHRONIQUES

AU POINT DE VUE DE LA MÉDICATION THERMALE.

L'application de la thérapeutique comporte nécessairement deux termes : la connaissance des médications employées et la connaissance des maladies auxquelles on les adresse.

La médecine thermale exige donc une double série d'études : celle de la médication thermale elle-même avec les ressources variées qui lui appartiennent, et celle des maladies chroniques vis à vis desquelles elle a exclusivement à s'exercer.

Je vous demande la permission de vous présenter quelques observations sur ce dernier sujet, c'est-à-dire de résumer, sous une forme aussi concise que possible, quelques principes qui doivent présider au traitement des maladies chroniques par les eaux minérales.

Je ne doute pas que cette exposition ne soit entendue par vous avec indulgence, car nulle part mieux qu'à Lyon on ne sait allier ce qu'on sépare trop souvent ailleurs, l'observation attentive et minutieuse des faits, avec la méthode qui conduit à les grouper pour en tirer, non des chiffres, mais une règle de conduite.

Il est impossible, Messieurs, de se livrer à l'étude des maladies chroniques, sans être pénétré de l'insuffisance des notions que nous possédons à leur égard, de celles

4

surtout que nous pouvons devoir à l'enseignement dogmatique qui nous prépare à l'exercice de la médecine.

Je ne fais point allusion aux notions de pathologie spéciale que je suppose très-complètement fournies sur ce sujet.

Sans doute, si je voulais insister sur l'imperfection des études relativement aux maladies chroniques, je trouverais un champ facile à exploiter. Si l'on excepte, en effet, les maladies du cœur et la phthisie pulmonaire, il n'est guère de groupes de maladies chroniques qui aient été sérieusement étudiés, j'entends au point de vue dogmatique et de l'instruction médicale. Je dois ajouter cependant une série d'états morbides que l'anatomie pathologique a décrits avec complaisance et d'une manière très-complète, ainsi les tumeurs, les cancers, les hydatides, etc.

Mais, n'êtes-vous pas frappés de ceci ? C'est que les maladies chroniques que l'on connaît le mieux, et dont l'étude nous est communiquée le plus volontiers par l'enseignement, sont presque exclusivement des maladies incurables, dont le diagnostic importe pour leur pronostic, dont la connaissance anatomique intéresse la nosologie, mais dont l'étude reste à peu près muette au sujet de l'intervention effective de l'art, de la médecine. D'où il résulte que ce que l'on connaît le moins, ce sont précisément les maladies traitables, curables, celles enfin vis à vis desquelles la médecine trouve surtout à s'exercer avec utilité.

Cependant je suppose que l'on possède sur ces différents côtés de la pathologie des maladies chroniques des notions égales et suffisantes, il resterait encore à savoir si l'on se fait communément une idée juste et précise de ce que c'est que les maladies chroniques, envisagées à un point de vue très-général, mais surtout envisagées au point de vue de leur pathogénie et de ce que l'on appelle leur nature.

Je crois que si l'on ouvrait une enquête sur ce sujet, les résultats en seraient peu satisfaisants : et il ne saurait guère en être autrement. Ce genre d'études n'est pas de ceux

qu'aborde volontiers la médecine contemporaine, et sur ce
sujet difficile nous ne trouvons guère de guide qu'en nous—
mêmes, après toutefois les écrivains des XVIIe et XVIIIe
siècles.

Il ne saurait être question en ce moment de combler une
pareille lacune : cependant je me permettrai de vous expo-
ser dans quel sens une telle tentative me paraîtrait devoir
être dirigée.

On lit dans tous les traités de pathologie, qu'un des
modes de terminaison des maladies aiguës, c'est le pas-
sage de celles-ci à l'état chronique.

Mais ce serait une erreur de croire qu'il en est généralement ainsi.

Les maladies chroniques naissent le plus souvent
chroniques d'emblée ; et lorsqu'on cherche à remonter à
leur origine, on peut presque toujours reconnaître que
celle-ci se rattache :

Tantôt au dérangement fonctionnel apporté directement dans un organe par des causes accidentelles plus ou
moins appréciables ;

Tantôt, et le plus souvent, à une condition générale de
l'organisme dont la maladie n'est autre chose que l'exagération, ou bien dont l'exagération a entraîné directement
la maladie.

Lorsque l'on entend porter le pronostic d'une maladie
chronique, ou en définir les indications thérapeutiques, il
faut de toute nécessité arriver à la classer dans l'une ou
l'autre de ces catégories.

Exemples :

Phthisie héréditaire et spontanée, ou phthisie acquise
et dépendant de fautes hygiéniques.

Gastralgie spontanée ou due à des écarts de régime.

Métrite chronique, c'est-à-dire engorgement, érosions,
leucorrhée, spontanée, ou consécutive à un accouchement
difficile ou mal soigné.

Mais comme il est fort rare que, dans les choses de l'organisme, les faits s'isolent et se séparent comme dans notre esprit, il arrive que, dans la plupart des cas, les deux éléments, l'élément constitutionnel et général, et l'élément accidentel et local se combinent : il faut alors chercher à distinguer lequel a dominé la pathogénie et dominera les indications.

Je me suis servi du mot développement *spontané*, pour indiquer que la marche propre et déviée de l'organisme a joué le rôle unique ou principal dans la détermination de la maladie, et que la part des causes accidentelles ou déterminantes est nulle ou imperceptible pour nous.

Or ce que je voudrais développer ici, c'est que la plupart des maladies chroniques n'existent ou ne s'entretiennent qu'en vertu d'un état constitutionnel de l'organisme qui leur a préexisté ; ce qui fait qu'en général, lorsqu'on cherche à pénétrer la nature de leurs causes déterminantes, on ne trouve qu'un rapport très-éloigné entre ces causes et leur mode d'action d'une part, et d'une autre part le siége ou la nature de la maladie elle-même. Souvent même ce rapport devient très-difficile à saisir, et l'on demeure dans l'impuissance d'assigner une cause à la maladie.

Après avoir montré comment les maladies chroniques résultent en général d'un état constitutionnel vicieux ou dévié de l'organisme, nous verrons comment cet état constitutionnel, alors même qu'il n'aurait pas présidé au développement de la maladie, se développerait consécutivement et par le fait même de l'existence de cette dernière.

Parmi ces déviations de l'organisme dont l'influence est si formelle sur la pathogénie des maladies chroniques, il en est de très-déterminées, dont les caractères sont très-saillants et les conséquences inévitables : je veux parler des *diathèses*.

Le mot de *diathèse*, quelle que soit l'idée que l'on se fasse de la chose, a pour nous la signification d'un état général de l'économie, qui entraîne nécessairement certaines manifestations morbides, à caractères spéciaux de siége, de forme, de marche, de pronostic, et qui imprime de tels caractères aux circonstances morbides qui peuvent fortuitement survenir.

Il y a des diathèses qui sont surtout originelles; il en est d'autres qui sont surtout accidentelles.

Les scrofules sont parmi les premières.

La syphilis se trouve parmi les secondes.

Si j'ajoute les diathèses cancéreuse, tuberculeuse, rhumatismale, dartreuse, vous aurez saisi de vous-même les caractères spéciaux que les différentes diathèses peuvent imprimer au siége de la maladie : rhumatisme tissu fibreux, dartres la peau ; à son pronostic : incurabilité du cancer, opiniâtreté du rhumatisme, curabilité parfaite de la syphilis ; aux indications thérapeutiques : une série d'agents thérapeutiques spéciaux répondant à la plupart des diathèses.

Au-dessous de ces diathèses, nous rencontrons des états analogues, mais moins caractérisés, les *constitutions*, ce mot pris dans une acception physiologico-pathologique, lesquelles ne paraissent être que l'exagération des tempéraments, comme les diathèses seraient, pour quelques-unes au moins, une exagération des constitutions.

Le *tempérament*, voilà l'état parfaitement physiologique.

La *constitution* entraîne déjà la prédisposition à un certain ordre pathologique.

La *diathèse* enfin, c'est la maladie, alors même que les manifestations n'en ont pas encore frappé la vue.

La constitution n'a rien de fatal comme la diathèse : son empreinte n'est pas aussi formellement assurée aux phénomènes qui se passent dans l'organisme. Cependant elle entraîne une prédisposition qui revêt d'un caractère particulier les dérangements de la santé, comme elle indique une marche spéciale à la thérapeutique.

Si son rôle est moins saillant et moins manifeste que celui des diathèses, il est plus considérable, c'est-à-dire plus répandu, s'exerce dans des circonstances bien plus fréquentes, et par cela même qu'il a des caractères moins frappants, réclame une plus grande attention.

La plupart des maladies chroniques reconnaissent donc pour origine et pour point de départ un état constitutionnel ou diathésique.

Mais, Messieurs, quelle idée pouvons-nous nous faire de ces changements qui, par leur apparition et leur développement graduel, apportent à l'économie ces caractères nouveaux qui marquent les constitutions et les diathèses ?

Car un organisme, livré à une constitution déterminée ou en proie à une diathèse, peut être considéré simplement comme un organisme nouveau, dans lequel l'harmonie qui présidait à la marche régulière et normale de la vie, est altérée dans une certaine mesure ; et, si nous voulions envisager ces phénomènes nouveaux à un simple point de vue biologique, nous dirions est changée : car l'idée d'altération ne doit exister que dans ce sens, que la durée de cet organisme se trouve plus ou moins directement menacée.

La vie s'offre à nos yeux sous deux aspects qui nous frappent d'abord, ou nous offre deux ordres de phénomènes qui résument à peu près tout ce que notre observation peut atteindre :

Phénomènes vitaux ;

Phénomènes chimiques.

Ne pouvant se séparer ni s'isoler, on peut dire que tout est chimie dans l'organisme, mais que tout est vie aussi : pas un acte vital qui ne s'accompagne de phénomènes de composition et de décomposition ; pas une réaction chimique qui ne soit sollicitée par un acte vital.

La seule idée que nous puissions concevoir de l'état de santé, c'est un état d'équilibre parfait entre ces différents phénomènes, d'action vitale d'une part, et de réactions chimiques de l'autre.

Or, supposez l'un de ces éléments de la vie troublé, le reste suivra.

Les exemples abondent.

Exagérez l'activité d'un organe ou d'un système d'organes, du cerveau, de l'estomac, du cœur, vous verrez au bout de quelque temps l'organe dont l'activité aura été multipliée, se troubler non seulement dans ses fonctions, mais dans sa texture ; et consécutivement le reste de l'organisme dérangé dans son harmonie générale, enrayé dans sa marche naturelle, participer à cet état de désordre, purement local dans le principe.

Si nous pouvons suivre quelquefois la filiation de ces phénomènes, les causes de suractivité locale d'abord, puis l'effet ressenti par l'organe mis en jeu, dans sa fonction puis dans sa texture, puis l'extension au reste de l'économie, nous ne voyons pas toujours aussi clair. Dans ce double dédale de l'organisme et du monde extérieur où cet organisme puise tant d'éléments de vie et de conservation, de désordre et de mort, la filiation des faits nous échappe souvent. Mais il faut nous servir de ceux qui demeurent à notre portée, pour comprendre les autres.

D'autres fois ce sont les phénomènes chimiques qui dominent.

Vous savez que la signification des diverses sécrétions dont l'organisme est le siége, est de maintenir un état d'équilibre chimique, ou de composition chimique moyenne dans nos tissus, de manière que les principes introduits du dehors compensent les pertes que nous faisons, mais que nous perdions aussi des principes proportionnels à ceux introduits dans l'économie.

La physiologie moderne admet, sans pour cela suivre la chimie organique dans tous ses développements, que l'oxygène introduit dans le sang par la respiration, est nécessaire à l'accomplissement des deux ordres de phénomènes qui constituent la nutrition, c'est-à-dire :

L'assimilation

Et l'élimination

des divers éléments apportés à nos tissus, lesquels, réduits à leur dernière expression, sont représentés par carbone, hydrogène, azote.

Ces divers éléments dont deux, carbone et azote, doivent surtout être considérés, concourent spécialement à l'entretien de telles ou telles parties de l'organisme, et se partagent inégalement entre les diverses voies d'élimination.

Ainsi le carbone s'échappe surtout par la respiration, et par les sécrétions cutanées.

Que son départ vienne à être troublé ou amoindri, vous pourrez le voir s'accumuler dans l'économie sous forme de graisse, dont l'existence en excès constitue une véritable maladie, une diathèse, dont la dernière expression est la polysarcie.

L'azote s'échappe surtout par les urines, sous forme d'urée ou de composés uriques.

Suspendez sa libre élimination, et vous pourrez voir naître ce qu'on a appelé la diathèse urique, à laquelle la gravelle et la goutte paraissent appartenir, diathèse à laquelle on arrive par une infinité de degrés qui ne sont pas encore la maladie, tout en n'offrant plus précisément les conditions d'une santé parfaite.

De sorte que vous voyez des diathèses dont les manifestations les plus extérieures nous dénotent des troubles dans les phénomènes chimiques de l'économie ;

D'autres où ce sont des troubles dynamiques ou vitaux, comme dans certains états névropathiques qui sont de véritables diathèses ; peut-être dans la diathèse rhumatismale où l'élément douleur est à peu près le seul que nous percevions, celui surtout qui paraît le plus évidemment préexister.

Nous devons ajouter à cela un ordre particulier de diathèses, où ce sont surtout des éléments histologiques qui se montrent, comme dans les différentes sortes de cancers, c'est-à-dire où il semble survenir une déviation dans la forme des cellules normales.

Mais si ces divers ordres de phénomènes, à un certain degré de développement, constituent des diathèses proprement dites, amoindrissez-les par la pensée, répartissez-les surtout sur chacun des éléments sans nombre dont se composent les êtres organisés, et vous comprendrez comment une foule de dérangements de santé , plus ou moins définissables dans leur origine , n'ont d'autre cause qu'un trouble ou un changement apporté dans l'équilibre ou dans l'harmonie qui préside aux phénomènes vitaux ou chimiques dont l'organisme est le siége.

Nous venons de placer la genèse des maladies chroniques dans un état général , diathésique ou constitutionnel, préexistant, et imprimant à la maladie elle-même telles conditions de siége ou d'aspect, qu'il appartient au génie qui lui est propre de déterminer.

Mais, prenez une maladie chronique dont l'origine soit aussi locale que possible : une gastralgie ou une dyspepsie, par exemple, occasionnée ou entretenue par un régime vicieux, et au bout de quelque temps vous verrez sous son influence les autres fonctions de l'organisme se troubler, et un état général constitutionnel apparaître et bientôt dominer la scène.

Le sens de tout ceci , c'est que lorsque vous rencontrez une maladie chronique toute faite, et c'est ce qui arrive dans l'application des eaux minérales, vous avez presque toujours à vous préoccuper autant ou plus de l'état général de l'organisme, que de la maladie locale.

Maintenant, lorsque j'ai invoqué , pour expliquer le développement de la plupart des maladies chroniques, des changements survenus dans les rapports physiologiques et normaux des éléments dynamiques ou des principes chimiques dont nos organes sont constitués , j'ai fait allusion à la pathogénie, mais non point à l'étiologie de ces maladies.

Or cette étiologie, si sa recherche nous laisse presque toujours au dépourvu, quand nous nous attachons à un ordre de causes occasionelles ou déterminantes appréciables , nous la retrouverons aisément dans un ensemble de circonstances dont le jeu répond très-nettement aux effets que nous avons exposés. Je veux parler des circonstances hygiéniques.

Si vous voulez énumérer en effet toutes les infractions

que le cours naturel et nécessaire de la vie civilisée nous force à commettre vis à vis de la matière de l'hygiène, atmosphère, aliments, exercice, si vous y ajoutez la somme incalculable des phénomènes intellectuels ou affectifs, si vous rapprochez ensuite de toutes ces circonstances l'influence qu'elles peuvent exercer sur chacun des actes dynamiques ou chimiques de l'organisme, vous ne vous étonnerez que d'une chose, c'est que les maladies chroniques, fonctionnelles ou organiques, n'exercent pas de plus grands ravages sur l'espèce humaine.

Vous vous étonnerez moins, cependant, si vous exercez la médecine près de certaines stations thermales, comme Vichy, par exemple : car vous voyez là se réunir un nombre infini de maladies qui n'interrompent pas nécessairement les habitudes de la vie, qui ne réclament rien de la thérapeutique ordinaire, mais que l'habitude du jour, l'attrait du déplacement, du repos, peut-être un certain instinct, attirent près des sources minérales.

Pourquoi est-ce que tant de maladies chroniques relèvent effectivement des eaux minérales, tandis que le reste de la thérapeutique, qu'elles soient graves ou légères, se heurte presque toujours avec impuissance vis-à-vis d'elles ?

C'est qu'à la médication thermale appartient, au plus haut degré, le caractère d'une médication générale, tandis que les agents thérapeutiques dont nous pouvons disposer n'ont, en général, et de quelque dénomination qu'on les décore, qu'une influence locale, partielle, circonscrite, et par suite absolument insuffisante. Car, vous l'avez compris, à une maladie générale, et tenant l'ensemble de l'organisme, il faut opposer une médication générale et touchant à tous les points de l'organisme.

Le caractère des indications que les eaux minérales sont propres à remplir est donc d'être générales, et de s'adresser à des états constitutionnels ou diathésiques de l'économie. Je ne veux pas dire pour cela que les eaux

minérales ne puissent être appliquées à des indications
partielles ou locales : qui peut le plus peut le moins. Je
veux dire que les indications locales pour lesquelles il
nous arrive de les employer , peuvent en général être
également remplies par des médications beaucoup plus
simples , et d'une autre nature. Tandis que si nous trai-
tons, par les eaux minérales, un état constitutionnel on
diathésique , nous faisons réellement la médecine propre
aux eaux minérales , nous en appelons à leur grande spé-
cialité thérapeutique , nous tentons , par leur usage , ce
que nous ne pouvons faire qu'avec beaucoup de difficultés
par d'autres moyens.

A quoi donc les eaux minérales doivent-elles cette pré-
rogative considérable , de nous fournir les moyens de
modifier l'économie tout entière , de manière que l'idée
de médications substitutives, altérantes ou reconstituantes
puisse s'y appliquer par excellence ?

Elles le doivent d'abord à la nature et à la complexité
de leur propre constitution, qui., en même-temps qu'elle
leur permet d'agir sur les phénomènes les plus intimes de
la nutrition , multiplie en même-temps leurs moyens
d'action , et crée , sans doute, dans la manière dont elles
s'adressent à des organes et à des fonctions différentes ,
des combinaisons que nous ne pourrions ni analyser, ni
reproduire. Elles le doivent encore aux modes variés
d'administration que l'art met à notre disposition , et qui,
des eaux minérales bien dirigées , fait à la fois un traitement médicamenteux et un traitement hydrothérapique.
Elles le doivent , enfin , aux circonstances du ressort de
l'hygiène , déplacement , exercice , distractions , qui
accompagnent en général les traitements suivis près des
sources minérales.

Et si nous voulions rapprocher tout ce que la thérapeutique nous permet de rassembler de relatif aux eaux minérales , nous trouverions quatre termes , que nous pouvons
considérer comme quatre degrés, descendant de la médication générale à la médication locale :

D'abord, les eaux minérales prises à leur source, dans leur intégrité et dans toute la puissance des agents qui les environnent ;

Puis, les eaux minérales transportées, déjà dépouillées d'une partie des propriétés qui leur appartenaient et des conditions qui leur étaient inhérentes ; mais retenant encore une partie inimitable de leur constitution première ;

Puis les eaux minérales artificielles, qui, cherchant en vain à reproduire leur modèle, ne nous donnent qu'une copie pâle et inanimée, non pas même des eaux prises à leur source, mais seulement des eaux transportées et déjà amoindries ;

Enfin, le médicament dominant dans une eau minérale, fer, soufre, chlorure de sodium, qui n'en est plus que le titre et la caractéristique.

La plupart des eaux minérales sont caractérisées par la prédominance d'un principe chimique et thérapeutique, qui sert à les rapprocher et à les classer.

La considération de ce principe prédominant préside à une partie des indications qu'elles doivent remplir.

Mais dans la plupart des cas, le cercle de ces indications s'étend bien au-delà de ce qui pourrait se rattacher à cette simple considération, soit comme puissance d'action, soit comme sujets d'application.

C'est-à-dire que la plupart des eaux minérales, non seulement possèdent une activité thérapeutique plus considérable que celle attribuée au principe qui les caractérise, mais offrent encore une série d'indications auxquelles ce même principe, pris isolément, serait parfaitement étranger.

Il faut donc en un mot, si l'on veut se faire une juste idée du médicament que constitue une eau minérale, l'envisager, sans pour cela faire abstraction des principes chimiques qui la composent, comme un médicament à part, dont les propriétés sont dues bien moins à tel ou tel des principes qui s'y rencontrent, qu'au tout constitué par leur ensemble.

Ainsi, les eaux minérales constituent une médication tout à fait spéciale, distincte de toute autre par la multiplicité des éléments dont elle se compose. A l'inverse des autres médications, dans lesquelles on recherche la simplicité d'action, celle-ci se trouvera d'autant plus complète qu'elle sera plus compliquée. Il résulte, en effet, de cette multiplication dans les moyens d'action, une médication essentiellement générale, c'est-à-dire, s'adressant à l'ensemble de l'organisme, pouvant en modifier à la fois les diverses fonctions, profonde en ce qu'elle paraît atteindre souvent les phénomènes les plus intimes de la nutrition, étendue en ce sens qu'aucun des principaux actes de l'organisme ne peut absolument lui échapper, se laissant en outre manier à son gré par celui qui la sait employer, en un mot une médication non moins spéciale par son mode d'action que par la constitution qui lui est propre.

Je viens de retracer devant vous, Messieurs, une bien courte esquisse de deux sujets considérables : la pathogénie des maladies chroniques et le mode d'action des eaux minérales.

Mais si les idées que j'ai exposées ne sont pas exactes, elles n'auraient rien gagné à de plus grands développements ; et si elles sont justes, vous aurez facilement suppléé à ce que je ne vous ai pas dit, et complété dans votre esprit ce que je devais me contenter de résumer avec autant de concision que possible.